가슴이 뻥 뚫리는

어린이 고민상담소

대림아이 마음돌봄시리즈 03

가슴이 뻥 뚫리는
어린이 고민 상담소

초판 1쇄 인쇄 2025년 11월 3일
초판 1쇄 발행 2025년 11월 10일

글 박지현
그림 난나

펴낸곳 대림출판미디어
펴낸이 유영일
마케팅 신진섭
등록 제2021-000005호
주소 서울시 영등포구 대림로34다길 16, 다청림 101동 301호
전화 02-843-9465
팩스 02-6455-9495
E-mail yyi73@naver.com
Tistory https://dae9495.tistory.com

ISBN 979-11-92813-36-3
　　　 979-11-92813-18-9 (세트)

※ 값은 뒤표지에 있습니다. 잘못된 책은 바꾸어 드립니다.

대림아이 마음돌봄시리즈 03

가슴이 뻥 뚫리는
어린이 고민 상담소

글 박지현 · 그림 난나

대림아이

 어린이 고민 상담소로 초대합니다!

안녕? 친구들!
요즘 마음이 괜히 답답하거나
누구에게도 말하기 어려운 고민이 있나요?

어른들도 걱정이 많지만
요즘은 어린이들도 많은 고민을 안고 살아가요.
학교, 공부, 친구 관계, 가족 이야기,
그리고 아직 만나보지 못한 미래까지요.

텔레비전, 유튜브, 인스타그램 속 세상은
즐거운 이야기보다 걱정스러운 소식이 더 자주 보여요.
시끄럽고, 복잡하고, 너무 완벽해 보이기도 하죠.
그래서 마음이 더 불안해지고,
가끔은 내가 너무 작게 느껴질 때도 있을 거예요.

하지만 걱정하지 마세요.
그런 마음이 드는 건 아주 자연스러운 일이에요.
아직 세상을 배우는 중이니까요.
모르는 게 있어도 괜찮고, 조금 느려도 괜찮아요.

그래서 이 책을 쓰고 싶었어요.
친구들의 이야기를 진심으로 듣고
따뜻한 말과 작은 위로를 전하고 싶었어요.

책에는 여러분과 비슷한 고민을 가진 친구들의 이야기가 담겨 있어요.
읽다 보면 "나만 그런 게 아니구나!" 하고 마음이 조금 가벼워질 거예요.
빙긋 웃음이 나고, 용기도 살짝 생긴다면 참 좋겠어요.

이제 〈어린이 고민 상담소〉의 문을 열어 볼까요?
작은 고민부터 큰 걱정까지
우리 함께 차근차근, 진심으로 이야기 나누어요.

이 책은 언제나 여러분 편이에요.
어린이 여러분을 응원합니다.

 **어린이 고민 목록**

얼굴이 못생겨서 싫어요 * **12**

나도 모르게 거짓말이 나와요 * **16**

나는 잘하는 게 하나도 없어요 * **20**

단짝 친구가 없어요 * **24**

친한 친구와 싸웠어요 * **28**

괴롭힘당하는 친구가 있어요 * **32**

진짜 친구인지 어떻게 알아요? * **36**

거절이 어려워요 * **40**

친구가 내 험담을 했어요 * **44**

내가 좋아하는 친구가 다른 친구를 좋아해요 * **48**

내 단점만 보여요 * **52**

나는 외로워요 * **56**

심심해요, 심심해 * **60**

눈치 보기 싫어요 * **64**

엄마 아빠가 자주 싸워요 * **68**

엄마가 나보다 동생을 더 좋아해요 * **72**

고양이가 무지개 다리를 건넜어요 * **76**

잔소리가 듣기 싫어요 * **80**

엄마는 나를 사랑할까요? * **84**

왜 친절해야 해요? * **88**

자신감은 어떻게 생겨요? * **92**

공부가 어려워요 * **96**

책은 왜 읽어요? * **100**

게임을 너무 많이 해서 걱정돼요 * **104**

공부를 잘하고 싶어요 * **108**

꿈이 없어요 * **112**

성공할 수 있을까요? * **116**

죽음이 두려워요 * **120**

얼굴이 못생겨서 싫어요

반짝반짝, 멋지게 자라는 중이에요.

콧방울이 작고, 눈이 조금 밋밋해 보이나요?
그건 아직 어린이라서 그래요.
키가 자라듯, 얼굴도 천천히 자라는 중이에요.

지금은 씨앗 얼굴이에요.
아직 다 피지 않은 꽃처럼요.

그리고 아름다움의 기준은 언제나 변해요.
동그란 얼굴이 멋져 보일 때도 있고,
갸름한 얼굴이 예뻐 보일 때도 있어요.
복코가 귀여워 보일 때도,
작은 코가 사랑스러워 보일 때도 있지요.
그러니 얼굴을 비교하거나 평가할 필요는 없어요.

진짜 매력은 얼굴에만 있지 않아요.
운동해서 힘이 넘치는 모습,
책을 읽고 깊이 생각하는 눈빛,
긍정적인 마음에서도 빛이 나요.

조금만 더 기다려 보세요.
세상에 하나뿐인
나다운 얼굴이 곧 피어날 거예요.

나도 모르게 거짓말이 나와요

솔직함이라는 용기가 필요해요.

거짓말을 한 번도 해 보지 않은 사람은 없어요.
혹시 있다면, 그게 거짓말일 거예요.

우리 모두 가끔 거짓말을 해요.
다른 사람의 기대에 맞추고 싶거나
피하고 싶은 상황이 생겼을 때 하죠.

하지만 거짓말을 해도 진짜 문제는 사라지지 않아요.
숙제를 안 했는데 "숙제 다 했어요." 하고 말하면
숙제를 안 한 불안함에
거짓말한 찝찝함까지 더해져
마음이 더더더 무거워지죠.

보통 최악의 상황을 상상하며
거짓말을 하지만
솔직하게 말해도 별일 없이 지나가는 경우가 많아요.
그러니 너무 겁내지 말아요.

작은 것부터 솔직하게 말하는 연습을 해 보세요.
마음은 한결 가벼워지고
거짓말은 점점 줄어들 거예요.

나는 잘하는 게 하나도 없어요

무엇이든 마음껏 시도해 보세요.

세상에 잘하는 게 하나도 없는 사람은 없어요.
누구나 자기만의 특별한 능력이 있지요.
그걸 발견하는 눈이 필요할 뿐이에요.

잘하는 것이 꼭 대단할 필요는 없어요.
친구에게 웃음을 주는 것,
휘파람을 잘 부는 것,
밥을 한 톨 남김없이 싹싹 먹는 것도
나만의 특별한 점이 될 수 있지요.

무엇이든 한번 해 보는 것도 중요해요.
해 봐야 내가 잘하는지, 아닌지 알 수 있으니까요.

하지만 처음에 잘 못한다고
바로 포기하면 안 돼요.
모든 일에는 시간이 필요하니까요.
꾸준히 반복하다 보면
어느 순간 깜짝 놀랄 만큼 잘하게 될지도 몰라요.

아직 어린이니까
앞으로 잘하는 걸 아주 많이 발견하게 될 거예요.
눈을 크게 뜨고 찾아보세요.

단짝 친구가 없어요

좋은 친구는 햇살처럼 자연스럽게 찾아와요.

단짝 친구가 없다고 느끼면
마음이 조금 쓸쓸할 거예요.

하지만 친구는 서두른다고 생기지 않아요.
조금씩 마음을 열고
서로 알아가는 과정이 필요하죠.

마음에 드는 친구가 있다면
슬며시 인사부터 건네 보세요.
"안녕?" 한마디가 시작일 수 있어요.

꼭 단짝 친구가 아니어도 괜찮아요.
가볍게 웃고 떠드는 친구들과의 시간도
충분히 즐겁고 소중해요.

그렇게 여러 친구와 지내다 보면
같은 포인트에서 웃음이 터지고,
마음이 꼭 맞는 친구를 만나게 될 거예요.

그때부터 단짝이 되는 거죠.

친한 친구와 싸웠어요

싸움 뒤에 더 단단한 우정이 자라요.

가까운 친구일수록
가끔 부딪히는 법이에요.

혹시 내가 잘못한 부분이 있다면
"미안해, 내 잘못이야." 하고 말해 보세요.
솔직한 한마디가 마음을 가볍게 만들 수 있어요.

하지만 친구가 실수한 것 같다면
조금 기다려 주세요.
사람마다 느끼고, 생각하는 것이 다르니까요.

그렇다고 불편한 마음이 싫어서
항상 먼저 사과하는 것은 좋지 않아요.

공평하게 마음을 나누어야
진짜 친구니까요.

다툼이 지나고 화해하게 되면
서로 다른 생각과 마음을 이해하게 될 거예요.

우정이 깊어지는 성장통을 겪은 거예요.

괴롭힘당하는 친구가 있어요

우리 하나하나는 소중하고 소중해요.

괴롭힘을 당하는 친구를 보면
마음이 불편하고 답답하지요.

그럴 때는 조용히 마음을 써 주세요.
"괜찮아?" 하고 한마디 건네기,
다정하게 눈 맞추기,
그것만으로 친구의 마음은
조금 덜 외롭고,
조금 더 따뜻해질 거예요.

괴롭힘이 계속된다면
혼자서 걱정하지 말고,
믿을 수 있는 어른에게 알려 주세요.

선생님이나 부모님께
조용히 이야기해도 괜찮아요.

작은 관심이
그 친구에게는
세상에서 가장 든든한 빛처럼
느껴질 거예요.

진짜 친구인지 어떻게 알아요?

함께 웃을 수 있다면 그게 바로 친구죠!

진짜 친구는 어떤 친구일까요?
항상 내 편을 들어주는 친구일까요?
비밀을 꼭 지켜주는 친구일까요?

요즘에는 깊은 관계의 친구를 찐친,
얕은 관계의 친구를 겉친으로
나누기도 하던데요.

너무 복잡하게 생각하지 말아요.
함께 있을 때 즐겁고 마음이 편하다면
그게 바로 진짜 친구예요.

그리고 세상 모든 것은 늘 변해요.
가짜 같던 친구가 진짜가 되기도 하고,
가깝던 친구가 멀어지기도 해요.

진짜 친구가 되려면
적당한 거리가 필요해요.
너무 가까우면 마음이 다칠 때가 있고,
너무 멀면 마음이 전해지지 않으니까요.

거절이 어려워요

거절에도 연습이 필요해요.

누군가의 부탁을 거절하는 건 어려워요.

다른 사람이 상처받을까 봐,
기분 나빠할까 봐 걱정돼서
마음을 꾹 누르게 되지요.

하지만 모든 부탁을 다 들어줄 수는 없어요.
그렇게 하다 보면
내 마음이 먼저 지쳐 버릴지도 몰라요.

거절은 나쁜 게 아니에요.
주어진 상황에 맞춰
"지금은 도와주기 힘들어." 하고
솔직하게 말하는 거예요.

친구라면 그 마음을 이해할 거예요.
우정은 '항상 예스!'가 아니라
서로의 마음을 존중하는 거니까요.

그러니 거절하고 싶다면
조금 떨리더라도
거절해도 괜찮아요.

친구가 내 험담을 했어요

말에 휘둘리지 말고, 내 마음을 지켜요!

친구가 내 험담을 했다는 말을 들으면
가슴이 덜컥 내려앉지요.
믿었던 친구라면 더 속상할 거예요.

하지만 사람은 기분이 나쁘거나 분위기에 휩쓸릴 때
하지 말아야 할 말을 하기도 해요.
그 말이 꼭 진심은 아닐 수도 있답니다.

마음이 답답하다면 용기를 내서
친구에게 물어보세요.
"내가 이런 얘기를 들었어. 왜 그랬어?"

지금은 말하기 어렵다면
잠시 거리를 두어도 괜찮아요.
마음이 진정되면
어떻게 행동하는 게 좋을지
생각날 거예요.

꼭 기억하세요.
남의 말보다 더 믿어야 할 건
내가 아는 진짜 내 모습이에요.

내가 좋아하는 친구가 다른 친구를 좋아해요

너만 바라보는 누군가가 있을지도!

누군가를 좋아하는 마음은
자연스럽고 소중한 거예요.

하지만 내가 누군가를 좋아할 자유가 있듯
그 친구도 다른 사람을 좋아할 자유가 있어요.

세상에는 어쩔 수 없는 일이 있어요.
누굴 좋아하는 마음도 그중 하나예요.
좋아하는 마음은 물 흐르듯 자연스러워서
억지로 바꿀 수가 없어요.

그리고 사람의 마음은 생각보다 변덕스러워요.
내일이라도 내 마음이 변할 수도 있고
그 친구의 마음도 바뀔 수 있어요.

그러니 너무 애태우지 말아요.
세상에는 생각보다 멋진 사람들이
아주 많거든요.

무엇보다 중요한 건
스스로 얼마나 멋진 사람인지
잊지 않는 거예요.

내 단점만 보여요

알고 보면 너의 매력 포인트!

단점은 크게 보이고
장점은 작게 보일 때가 있어요.

하지만 단점이라고 생각하는 것이
사실은 단점이 아닐 수도 있어요.

발이 큰 게 단점이라고 생각할 수 있지만
발이 크면 키도 클 확률이 높아요.
행동이 느린 게 단점이라고 생각할 수 있지만
그건 마음이 여유로워서
찬찬히 생각하고 움직인다는 뜻이에요.

단점의 뒷면에는 장점이 숨어 있고
장점의 뒷면에는 단점이 숨어 있어요.

그러니 단점만 보지 말고
내가 가진 장점에 집중해 보세요.
단점이 점점 작게 느껴질 거예요.

나의 빛나는 점에 집중하세요!

나는 외로워요

혼자일 때도, 함께일 때도 즐겁게!

외로움은 혼자 있을 때
살짝 찾아오는 쓸쓸한 기분이에요.

외로움은 누구나 느껴요.
엄마, 아빠도 느낄 때가 있어요.
그러니 나만 외톨이라고 생각할 필요는 없어요.

외롭다는 생각에 빠지기보다는
혼자만의 시간을 어떻게 즐길지
고민해 보는 건 어때요?

무엇이든 내 마음대로 할 수 있잖아요.
내 뜻대로 시간을 마음껏 즐겨 보세요.

그렇게 즐겁게 지내다 보면
어느새 친구들도, 재미있는 일도
찾아올 거예요.

외로움이라는 감정은
구름처럼 왔다 갔다 하는 거랍니다.

심심해요, 심심해

심심할 때도, 심심하지 않게 보내기!

심심할 때가 있는 건
당연한 일이에요.

사람이 하루 종일 무언가를 할 수는 없어요.
몸도, 머리도, 마음도
가끔 쉬어야 해요.
그럴 때 심심하다고 느낄 수 있어요.

하지만 너무 괴로워할 필요는 없어요.
심심할 때마다 잠깐 쉬는 시간이라고 생각해 보세요.

눈에 초점을 풀고 멍하니 있거나,
누워서 천장을 바라보거나,
이리저리 뒹굴며 편안한 시간을 보내도 좋아요.

알고 있나요?
심심할 때 창의력이 마구 솟아난대요.
그래서 '멍때리기 대회'도 있는 거예요.

누구에게나 심심한 시간은 꼭 필요해요.
심심할 때가 있으니까
재미있고 즐거울 때도 있는 거랍니다.

마음을 숨기지 않아도 괜찮아요!

사람은 혼자 살 수 없어요.
그래서 함께 지내다 보면
자연스럽게 눈치를 보게 되지요.

하지만 걱정하지 마세요.
눈치를 보는 건 나쁜 게 아니에요.
다른 사람의 마음을 생각한다는 뜻이니까요.

하지만 눈치를 너무 많이 보면
하고 싶은 말이 목구멍에 걸리고
가슴이 답답해지기도 해요.

다른 사람의 기분도 중요하지만
내 마음도 똑같이 소중해요.

그러니 솔직하게 말하는 연습을 해 보세요.
그러다 가끔 주변을 살피면 돼요.

눈치를 보는 대신
다른 사람을 이해하는 마음으로
조금씩 바꿔 보세요.

서로 맞춰 가는 과정이에요.

엄마, 아빠가 다투는 소리가
듣기 싫고, 마음이 아플 거예요.

사람은 생각이 다 다르니까
같이 지내다 보면
가끔 다툴 수 있어요.

싸움이 꼭 나쁜 것만은 아니에요.
서로의 마음을 이야기하고
맞춰 가는 기회가 되기도 하거든요.

만약 속상한 걸 말하지 않고
꾹꾹 참기만 한다면
오히려 서로 더 멀어질 수도 있어요.

조금 조용해졌을 때
용기를 내어 말해 보세요.
"싸우지 말고, 이야기해 주세요."

가족끼리는 서로
솔직해야 하니까요.

엄마가 나보다 동생을 더 좋아해요

엄마는 모두 모두 사랑해요!

가끔 그런 생각이 들 때가 있지요.
'엄마는 왜 동생만 예뻐할까?'

하지만 엄마의 사랑은
눈에 보이는 크기로 나눌 수 없어요.
동생은 아직 어리니까
조금 더 손이 가는 것뿐이에요.

그 모습이 동생을 더 사랑하는 것처럼
보일 수도 있지만,
엄마는 너는 너라서,
동생은 동생이라서 사랑해요.

울면 울어서,
웃으면 웃어서,
그냥 있는 그대로 사랑한답니다.

나중에 커서
엄마, 아빠가 되면 알게 될 거예요.
사랑은 나누어도
결코 줄지 않는다는 걸요.

고양이가 무지개 다리를 건넜어요

소중한 추억을 간직해요.

고양이를 볼 수 없어서
눈물이 난다면 울어도 괜찮아요.
이별은 슬픈 거니까요.

눈물을 참고,
아픈 마음을 외면하면 안 돼요.
그럼 슬픔이 마음속 깊이 콕 박혀버릴 수도 있어요.

한동안 눈물을 흘리고,
물건을 정리하고, 고양이를 떠올리는 것,
그 모든 것이 건강하게 이별하는 방법이에요.

세상의 모든 것에는 끝이 있어요.
그건 누구도 바꿀 수 없지요.
바꿀 수 없다면
천천히 받아들여야 해요.

함께 했던 즐거운 시간을 떠올려 보세요.
그 기억만은 영원하니까요.

고양이도 좋은 추억만
가득 가지고 떠났을 거예요.

잔소리가 듣기 싫어요

잔소리가 필요 없는 사람이 되어 볼까요?

"숙제했니? 양치해라!"
"양말은 빨래통에 넣어라!"
"물건은 제자리에 둬!"

하루에도 열두 번,
똑같은 잔소리가 지겨울 수 있어요.

듣기 싫은 잔소리지만
사실은 살아가는 방법을 알려주는 거예요.
스스로 잘 돌보는 어른이 되라고
알려주는 거예요.

듣기 싫다고만 생각하지 말고,
엄마가 잔소리하기 전에 먼저 해 보면 어떨까요?

잔소리를 약속으로 바꿔 보는 것도 좋아요.
규칙을 만들면 잔소리 들을 일도 줄어들 거예요.

이해하기 어렵겠지만
잔소리에는 항상
사랑 한 방울이 담겨 있답니다.

엄마는 나를 사랑할까요?

엄마 눈에서 하트를 찾아보세요!

엄마는 언제나 너를 사랑해요.
그 사랑이 얼마나 크고 깊은지
아마 상상하기 어려울 거예요.

네가 엄마 뱃속에 생긴 순간부터
사랑은 시작되었어요.

이유 없이 울 때도,
밥풀을 흘리며 먹을 때도,
콧구멍을 후빌 때도,
엄마를 언제나 너를 사랑한답니다.

엄마의 사랑은 눈에 보이지 않지만
늘 표현되고 있어요.
네가 좋아하는 음식을 만들어 줄 때,
밤에 이불을 덮어줄 때,
아픈 너의 손을 잡고 걱정해 줄 때,
그 모든 순간이 다 사랑이에요.

엄마의 사랑은
늘 따뜻하게 너를 감싸고 있답니다.

왜 친절해야 해요?

친절은 따스하게 주변으로 옮아가요!

누구나 사람들이 나에게 친절하기를 바라지요.

친절을 받고 싶다면
먼저 친절을 베풀어야 해요.

내가 누군가에게 친절하게 대하면
그 사람 마음이 따뜻해지고,
그러면 그 사람도 나에게 친절해져서
나도 기분이 좋아져요.
이렇게 친절은 부메랑처럼 돌아오는 거예요.

기분이 좋아진 둘은 다른 사람에게도 친절해져요.
그렇게 친절은 점점 퍼져나가
세상을 따뜻하게 만들지요.

사실 친절은 어려운 게 아니에요.
"고마워요." 하고 방긋 웃기,
"반가워요." 하고 인사하기,
소소한 따뜻함이 바로 친절이에요.

마음속에 있는 따뜻함을 자주자주 꺼내 보세요.
그럼 세상이 조금 더 아름다워질 거예요.

자신감은 어떻게 생겨요?

작은 일부터 도전하고, 또 도전해요!

자신감은 스스로를 믿는 마음이에요.

무언가를 해냈을 때
"나도 할 수 있네!" 하고 기쁘지요.
이 마음이 모이면 자신감이 자라나요.

하고 싶은 것, 하기 싫은 것!
쉬운 것, 어려운 것!
무엇이든 하나씩 해낼 때마다
자신감은 차곡차곡 쌓여요.
저금통에 동전을 모으는 것처럼요.

도전하다 보면
실수할 수도 있고,
실패할 때도 있지요.
하지만 그 안에서 배우는 것들도
자신감이 자라는 데 도움을 줘요.

나만의 자신감 주문을 만들어 보세요.
자신감이 떨어지는 날,
마음속으로 주문을 걸면
마법처럼 용기가 솟아날 거예요.

공부가 어려워요

머릿속을 멋지게 가꾸는 거예요.

공부는 누구나 어려워요.
어른도 마찬가지랍니다.

하지만 공부는 성적만을 위해 하는 건 아니에요.
세상을 살아가는 데 꼭 필요한 거예요.

깜깜한 동굴을 지나려면
손전등이 필요하지요.
공부는 바로 그 손전등과 같아요.

아는 것이 많으면
세상이 더 잘 보이고,
문제도 똑똑하게 해결할 수 있어요.

남이 시켜서 하는 공부는 재미가 없어요.
내가 하고 싶어서 할 때
비로소 즐거워지죠.

그러니 오늘은 먼저 책을 펴 보세요.
숙제도 스스로 해 보세요.
그게 공부의 즐거움을 찾는
작은 시작이 될 거예요.

책은 왜 읽어요?

책 속 세상으로 초대합니다!

책 속에는 책을 읽는 사람만 아는
멋진 세상이 있어요.

책을 읽으면 상상 속에서
다른 삶을 살아 볼 수 있어요.
<해리포터>를 읽으면 마법사가 될 수 있고,
<엉덩이 탐정>을 읽으면
탐정이 되어 사건을 풀 수 있지요.

책 속에는 평소에는 만나기 힘든
작가, 철학자, 과학자의 생각이 담겨 있어요.
책을 읽으면 그 사람들과 대화를 나누는 느낌이 들어요.

책을 통한 경험은 마음을 더 넓게 열어 줘요.
다른 사람을 이해하는 힘도 되고,
크고 작은 문제를 해결하는 힘도 되지요.

이게 바로 책을 읽는 이유예요.
머릿속에 쌓이는 지혜와 지식은 덤이지요.

사람이 책을 만들고,
책이 사람을 만든답니다.

게임을 너무 많이 해서 걱정돼요

게임 밖 진짜 세상으로 나와요!

게임을 많이 한다고
걱정하는 마음 자체가
이미 대단한 거예요.
스스로 조절하고 싶은 마음이 있는 거니까요.

게임은 재미있고,
스트레스를 풀어 주기도 해요.
하지만 너무 많이 하면
공부나 운동에 소홀해지고,
친구들과 함께하는 시간도 줄어들 수 있어요.

그렇다고 게임을 완전히 끊을 필요는 없어요.
대신 스스로 게임 시간을 정하거나
숙제를 마친 뒤에 게임하는 규칙을 만들어 보세요.

그 규칙을 지켜 낸다면
정말 뿌듯할 거예요.

이렇게 스스로 욕구를 조절하는 힘은
지금 게임을 할 때뿐만 아니라
앞으로의 삶에서도 큰 도움이 될 거예요.

공부를 잘하고 싶어요

최선을 다했다면 그걸로 충분해요.

공부에는 지름길이 없어요.
의자에 엉덩이를 붙이고 앉아
꾸준히 노력하는 것이 가장 확실한 방법이지요.

그렇지만 단순히 오래 하는 것이 답은 아니에요.
자신에게 꼭 맞는 공부 방법을 찾는 것이 필요해요.

어떤 친구는 예습이 잘 맞고,
어떤 친구는 복습이 더 효과적이에요.
또 어떤 친구는 아침에 집중이 잘 되고,
밤에 더 잘 되는 친구도 있지요.

그래서 여러 가지 방법을 시도하면서
자신에게 꼭 맞는 공부 비법을 찾아보는 게 좋아요.

그리고 꼭 기억하세요.
공부를 잘하는 것도 중요하지만
성적이 모든 걸 말해 주는 건 아니에요.
끝까지 최선을 다하는 태도가 가장 중요해요.

노력한 시간은
결코 여러분을 배신하지 않을 거예요.

꿈이 없어요

두근두근, 꿈을 찾아 출발!

꿈을 찾는다는 건
누구에게나 어려운 일이에요.

우선 나 자신을 잘 아는 것이 중요해요.
내가 무엇을 좋아하는지 아는 것이 첫걸음이니까요.

그건 직접 경험해 봐야 알 수 있어요.
수영도 해 보고, 그림도 그리고,
요리도 해 보고, 노래도 불러 보는 거예요.
경험하지 않고서는
어떤 일에 가슴이 두근거리는지 모르거든요.

'왜 나는 꿈이 없지?' 하고 실망할 필요는 없어요.
꿈을 빨리 찾는 사람도 있고,
조금 늦게 찾는 사람도 있어요.
꿈이 한 개인 사람도 있고,
꿈이 여러 개인 사람도 있어요.

아직 어린이니까
마음껏 꿈꾸고, 마음껏 경험해 보세요.
그러다 보면 가슴이 두근거리는 꿈을 만나게 될 거예요.

성공할 수 있을까요?

즐겁다면 성공이에요!

성공이란 무엇일까요?
시험에서 백 점을 맞는 일일까요?
친구들에게 인기가 많은 일일까요?

물론 그럴 때 기분 좋고 부듯하지요.
하지만 진짜 성공은
눈에 보이는 점수나 인기가 아니라,
마음속에서 반짝이는 즐거움이에요.

시간 가는 줄 모르고
무언가에 흠뻑 빠져 본 적 있나요?
그렇게 몰입하는 순간,
그 자체가 이미 작은 성공이에요.

무언가를 진심으로 즐기다 보면
성공은 자연스럽게 따라오게 되지요.

그러니 '성공할 수 있을까?'보다는
'내가 어떤 일을 가장 즐길까?'를
스스로에게 물어보세요.

그 답을 찾아가는 게 진짜 성공의 시작이랍니다.

죽음이 두려워요

삶은 매일이 축제예요.

죽음이 두렵다는 마음은
아주 자연스러운 거예요.

어른도 죽음을 생각하면 무섭기도 하고,
눈물이 나기도 해요.

그건 죽음이 아직 우리가 잘 모르는 세계라서 그래요.
사람은 누구나 모르는 것에 두려움을 느끼거든요.

하지만 죽음을 조금 다른 눈으로
바라볼 수도 있어요.

세상에 있는 모든 것에는 시작과 끝이 있어요.
꽃은 피었다가 지고, 겨울이 지나면 봄이 오지요.
죽음도 자연스러운 흐름 속에 있는 거예요.

막연히 죽음을 생각하기보다는
지금, 이 순간에 집중하는 것이 현명해요.

더 크게 웃고, 더 신나게 뛰어놀고,
좋아하는 것들로 하루를 가득 채워 보세요.

즐거움이 두려움을 살포시 덮어 줄 거예요.

글쓴이 **박지현**

어린이들의 마음을 이해하고, 다정한 위로와 온기를 전하는 이야기를 만듭니다.
이 책을 통해 어린이들이 스스로의 마음을 들여다보고, 조금 더 단단하고
용기 있게 살아가길 바랍니다.

그린이 **난나**

초등학생 두 아들의 엄마이자 그림 작가예요. 어린이들이 귀여운 토끼 캐릭터를
보면서 공감과 위로를 받을 수 있도록 고민하고, 상상하며 그림을 그렸습니다.